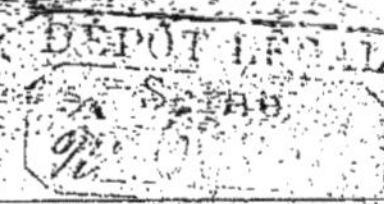

LA
CRISE COTONNIÈRE

ET LES

TEXTILES INDIGÈNES

Par J. E. HORN

Seconde édition.

PARIS

E. DENTU, LIBRAIRE-ÉDITEUR

PALAIS-ROYAL, GALERIE D'ORLÉANS

1863

LA

CRISE COTONNIÈRE

ET LES

TEXTILES INDIGÈNES

PAR J. E. HORN

Seconde édition.

PARIS

E. DENTU, LIBRAIRE-ÉDITEUR,

PALAIS-ROYAL, GALERIE D'ORLÉANS

1863

LA CRISE COTONNIÈRE

ET LES

TEXTILES INDIGÈNES

PAR A. P[...]

PARIS

LIBRAIRIE CENTRALE-AGRICOLE

SOMMAIRE.

AVIS

La première édition de cet écrit, exceptionnellement forte, a été épuisée dans l'espace de quelques semaines. Ce rapide écoulement est dû sans doute à l'*actualité* que le public a bien voulu reconnaître à notre brochure : c'est le seul mérite auquel elle prétendait.

C'est encore à ce mérite, qui appartient au sujet et non à l'écrivain, qu'elle doit l'accueil extrêmement favorable qui lui a été fait par tous les organes de la publicité. Non-seulement les feuilles spéciales, telles que le *Conseiller*, le *Journal du Crédit public*, l'*Avenir commercial*, la *France médicale*, et bien d'autres encore, s'en sont occupées longuement ; la presse quotidienne, au milieu des graves discussions politiques qui accaparent ses colonnes, a su trouver, elle aussi, le loisir et l'espace voulus pour examiner notre travail. Le *Journal des Débats*, le *Constitutionnel*, le *Pays*, l'*Opinion nationale*, la *Presse*, le *Temps*, le *Monde*, etc., à Paris ; en province, le *Progrès* (de Lyon), le *Journal du Havre*, l'*Indépendant*, la *France centrale*, l'*Écho du Nord*, la *Chronique de Rouen*, — nous en passons, et des meilleurs, — lui ont consacré des articles développés, plus que bienveillants. Il suffira, enfin, de citer l'*Europe* (de Francfort), l'*Indépendance belge*, l'*Economist*, de Londres, et le *Handelsblatt*, de Brême, pour faire voir que la presse de l'étranger n'a pas été moins gracieuse à l'égard de notre modeste esquisse. Que nos très-estimés confrères de la presse parisienne, départementale et étrangère en reçoivent ici nos remercîments profondément sentis !

Grâce à leur puissant concours, la question qui fait l'objet de ces pages a fait bien du chemin depuis deux mois. L'économie politique, l'agriculture, la filature, par l'organe de leurs représentants les mieux autorisés, l'ont examinée et jugée. L'arrêt est des plus favorables. On s'accorde à le reconnaître : grâce au broyage mécanique, venant se substituer au primitif rouissage, les textiles indigènes peuvent suppléer, *dans une large mesure*, au manque du coton dans la filature tout aussi bien que dans la corderie ; la France peut, grâce à cette innovation, alléger considérablement le poids de la crise cotonnière, et donner en même temps une impulsion féconde et durable à une importante branche de son industrie agricole et manufacturière.

Succès oblige. Nous avons revu avec le plus grand soin cette nouvelle édition. Nous avons de notre mieux tenu compte des observations qui nous sont parvenues par la voie de la presse ou autrement. Nous avons substitué les données statistiques les plus récentes aux données précédemment utilisées. Ainsi, pour tout ce qui concerne l'importation et l'exportation du coton et des autres textiles, les renseignements contenus dans cet écrit vont maintenant jusqu'au 1er juillet 1863 ; à cette date s'arrêtent les derniers documents officiels sur le mouvement de nos échanges internationaux.

Puisse cette nouvelle édition rencontrer l'accueil flatteur qui a été fait à son aînée, et contribuer ainsi, pour sa faible part, à avancer la solution d'un problème duquel l'économiste et l'industriel, le philanthrope et l'homme d'État, se préoccupent à un égal degré.

Paris, ce 14 août 1863.

J.-E. HORN.

CRISE COTONNIÈRE

ET LES

TEXTILES INDIGÈNES

I.

La merveilleuse fortune du coton est sans précédent dans les annales de l'industrie humaine. A peine y a-t-il quatre-vingt-dix ans qu'une cargaison de 74 balles de coton se disant américain fut traitée de contrebande par la douane de Liverpool; l'Amérique du Nord, prétendait-on, est incapable de produire pareille quantité. En 1800 encore, toute l'importation anglaise se borne à 260,615 balles, dont 72,730 de provenance nord-américaine. Un demi-siècle après, en 1849, l'importation se monte à 4,909,400 balles, et la quote-part nord-américaine à 1,477,700. Encore dix à douze ans, et l'importation cotonnière de l'Angleterre aura doublé presque.

Le travail auquel donne lieu ce textile exotique comptait à peine, au commencement du XIXᵉ siècle, dans l'activité industrielle de la Grande-Bretagne; au début de la seconde moitié du XIXᵉ siècle, l'industrie cotonnière y occupe 2,200 établissements avec 379,200 ouvriers, 20,017,200 broches, 278,450 métiers mécaniques à tisser, une force motrice à vapeur de 88,000 chevaux, une force hydraulique de plus de 9,000 chevaux. A la fin de la dernière période décennale, la veille de la guerre sécessionniste, l'Angleterre comptait au-delà de 33 millions de broches occupées au travail du coton et faisant la besogne de 30 millions de fileuses à la main. Chaque année vit s'ajouter environ 45,000 nouvelles broches, à côté desquelles se mouvaient trois cent mille métiers à tisser.

Les renseignements fournis à notre conseil d'État, lors de la grande enquête industrielle de 1860, par les délégués des chambres de commerce de Manchester et de Glasgow, portent à quatre cent mille le nombre des ouvriers directement employés dans l'industrie cotonnière; ils estiment à quatre millions le nombre des personnes qui en vivent indirectement. Ces chiffres sont confirmés par les données recueillies depuis le commencement de la crise actuelle et dans le but de travailler à son soulagement. Voici enfin un chiffre comparatif qui résume très-bien l'importance rapidement croissante de l'industrie cotonnière en Angleterre : l'exportation en fils et tissus de coton, de 24,902,000 livres sterling pour la moyenne des années 1845-49, s'élève à 40,658,000 livres sterling pour la moyenne des années 1855-59; elle atteint son maximum en 1860, où elle arrive au chiffre si formidable de 52,012,000 livres sterling (un milliard 300 millions 300,000 francs !).

Bien des raisons, sur lesquelles il serait inopportun d'insister ici, expliquent pourquoi l'industrie cotonnière est moins développée de ce côté-ci qu'au-delà du détroit. Ses progrès n'en ont pas moins été très-considérables, surtout durant la dernière période décennale. L'industrie cotonnière, quoique la dernière venue parmi nos grandes industries, compte d'ores et déjà parmi les plus importantes.

La première enquête officielle sur l'industrie cotonnière, remontant à 1845, attribue à la France 2,394 établissements avec 3,457,532 broches, 722 machines à vapeur et 416 machines hydrauliques, occupant 244,819 ouvriers, employant pour 261 millions de matières premières, et produisant pour 416 millions de coton. Un recensement plus récent (1859) qui n'aurait porté, suivant M. Legoyt, que sur les usines mues par la vapeur, et aurait eu principalement la filature en vue, constate l'existence de 1,521 établissements, de 1,242 machines (20,487 chevaux à vapeur), et de 5,092,394 broches; ce dernier chiffre est donné aussi par l'*Exposé de la situation de l'Empire*, présenté au Corps législatif à l'ouverture de la session de 1863. D'après le dernier dénombrement quinquennal de la population (1861), l'industrie cotonnière occupait directement 379,700 ouvriers; on arrivait, en y comprenant les patrons, leurs familles, ainsi que leurs employés à divers titres, à un total de 513,500 personnes. Cela représente douze à quinze cent mille bouches nourries par l'industrie du coton. L'éloquence de ce chiffre dispense, nous semble, de tout commentaire.

La progression, disons-nous, a été particulièrement forte dans la dernière quinzaine d'années. Voici trois termes de comparaison qui le constatent d'une façon bien expressive : dans l'espace de temps compris entre les années 1849 à 1861, la consommation de coton en France a monté de 45,522,000 kilogrammes à 123,368,000 kilogrammes; la quantité de tissus fabriqués s'est élevée de 390,700,000 mètres à 1,058,900,000 mètres; enfin, la valeur du produit, de 195 millions 400,000 francs en 1849, se trouve dépasser en 1861 la somme de 529 millions de francs.

Faut-il continuer cette énumération et faire le tour de l'Europe? A quoi bon! Tout le monde sait que la France et l'Angleterre n'ont guère le monopole de l'industrie cotonnière. Variant de degrés, sa marche ascendante a été dans tous les pays industrieux également étonnante. Partout où elle s'est introduite, son empire croissait aussitôt avec une rapidité prodigieuse. Elle occupe aujourd'hui, ou du moins occupait avant la terrible crise qui l'écrase en ce moment, environ deux millions et demi de broches dans les États du Zollverein, deux millions en Autriche, quinze cent mille en Suisse, huit cent mille en Belgique, et la moitié à peu près de ce dernier chiffre dans le reste de l'Europe.

On portait, il y a trois ans, au chiffre rond de cinquante millions les broches mises en mouvement par l'industrie cotonnière, et à dix millions le nombre des bouches qu'elle nourrissait en Europe d'une façon plus ou moins directe. Le rapport du jury français à l'Exposition universelle de 1862 évalue à 850 millions de kilogrammes (dont quatre cinquièmes de provenances américaines et le dernier cinquième venant des Indes, de l'Égypte et du Brésil) la quantité de coton mise en œuvre, pendant l'année 1861, par les manufactures d'Europe.

II.

Nous ne pensons guère faire ici la monographie du coton. Nous voulions seulement rappeler, par quelques rapides traits et quelques chiffres pris au hasard, à quel point l'industrie cotonnière était, en peu de temps, devenue une question de vie ou de mort pour des centaines de mille d'ouvriers, une question de prospérité ou de misère pour toutes les contrées industriellement développées, et tout particulièrement pour la France et l'Angleterre, qui tiennent le premier rang dans cette vaste branche de l'activité productive. Rien alors ne se comprend mieux que l'intensité du douloureux coup que dut porter aux deux pays la subite interruption dans les arrivages du coton, telle que l'a amenée la guerre qui depuis deux ans ruine les États-Unis et désole l'Europe.

A la vérité, ce n'est pas d'hier seulement que l'Angleterre s'est occupée et préoccupée de cette effrayante éventualité. Depuis des années elle se demandait avec des angoisses à peine dissimulées ce qui adviendrait de ses ouvriers, de son activité industrielle et commerciale, le jour où n'importe quelle cause perturbatrice viendrait arrêter ou amoindrir les arrivages du coton américain. Sa politique même se ressentait d'une manière marquée et fort remarquée de ses appréhensions à l'endroit du coton. De crainte de se brouiller avec les fournisseurs du précieux textile, la

Grande-Bretagne se montrait, vis-à-vis de l'Amérique, infiniment plus accommodante qu'on ne la vit jamais dans les autres rapports de sa politique extérieure ; bien des causes de brouilles ont été étouffées ainsi. On ne négligeait pas pour cela la recherche des moyens qui délivreraient la politique et l'industrie anglaises de cette fâcheuse gêne. On cherchait des suppléants aux cotons des États-Unis. L'association, notamment, de Manchester (*Supply-Committee*) faisait des tentatives courageuses et coûteuses dans les différentes parties du globe ; ses efforts s'étendaient partout où elle croyait pouvoir acclimater et développer le coton : l'Asie, l'Afrique, l'Australie, sont explorées par ses agents.

La France regardait faire avec une sympathie curieuse, mais aucunement coopérative. Cela s'explique. L'industrie cotonnière n'avait pas encore acquis chez nous l'empire qui lui appartient de l'autre côté du détroit ; puis, habituée à tirer de l'Angleterre la majeure partie de la matière brute, notre industrie cotonnière s'en remettait au commerce britannique du soin d'assurer les approvisionnements de l'Europe. Faut-il rappeler, de plus, que nous n'avons ni les relations étendues, ni les capitaux abondants, ni l'esprit d'initiative et l'ardeur persévérante qu'exigeait l'œuvre de la *Coton-Supply-Association,* et qui seuls pouvaient assurer le succès, relatif du moins, de ses efforts ? La préoccupation dont témoignaient ces efforts, le sentiment du danger que recélait ce monopole de fait des États-Unis pour l'approvisionnement cotonnier de l'Europe, existaient pourtant en France aussi. On ne risque guère de se tromper, par exemple, en supposant que le désir de seconder le développement économique de l'Algérie n'a été ni le seul mobile ni l'unique but des encouragements donnés depuis quelques années, soit par l'administration, soit par l'Empereur en personne, à la culture cotonnière dans l'Afrique française.

Peut-être n'est-ce pas le temps seul qui, pour aboutir, a manqué à ces diverses tentatives. Passons.

On redouble de zèle depuis l'explosion de la guerre civile en

Amérique. N'a-t-elle pas transformé en besoin pressant du jour ce qui paraissait devoir rester longtemps encore une lointaine prévision d'avenir? Ces efforts ne sont pas entièrement vains : l'année dernière, l'industrie britannique a tiré de provenances non américaines une partie appréciable de ses approvisionnements cotonniers. En France aussi, on s'est réveillé sous le stimulant de la crise. Ainsi, l'industrie privée, qui s'était si peu occupée jusque-là de l'Algérie, s'éprit subitement de notre colonie, à cause de ses aptitudes pour la culture cotonnière; plusieurs compagnies rivales sont venues, en 1862, se disputer le privilége ou la préférence de développer la culture du coton au-delà de la Méditerranée. Une autre de nos possessions coloniales attire également l'attention des hommes politiques et des industriels que préoccupe la crise cotonnière; c'est le Sénégal. Les soins à donner au développement de la culture du coton figureraient, à ce qu'on affirme, en tête du programme tracé par le gouvernement à M. le général Faidherbe, qui vient de reprendre le poste de gouverneur du Sénégal, poste qu'il avait rempli déjà avec un talent et un succès si remarquables.

Toutes ces tentatives sont des plus louables. Leur plein succès est fort à désirer, lors même qu'on fait abstraction de l'actualité toute particulière qu'elles empruntent aux embarras industriels du moment.

Par malheur, le bon vouloir ne suffit pas pour assurer la réussite de cette œuvre; il faut tout au moins, à part une foule d'autres conditions indispensables, bien du temps. C'est une entreprise de longue haleine, dont le succès, en ce qui concerne l'Algérie, sera retardé plutôt, craignons-nous, que particulièrement avancé par les changements que le sénatus-consulte du 13 avril 1863 doit produire dans la situation intérieure de l'Algérie française.

Si les Indes, le Brésil, l'Égypte paraissent vouloir faire attendre moins longtemps l'accomplissement des espérances fondées sur eux, cet accomplissement est chanceux aussi et fort restreint. Il suffit, pour s'en convaincre, de comparer le *stock* actuel du coton en Angleterre avec celui des années précédentes; plus éloquemment encore parle la comparaison des prix de la matière première à différentes époques : les prix sont arrivés maintenant au triple de ce qu'ils étaient avant la guerre.

III.

Mais il ne s'agit pas seulement des souffrances actuelles; l'avenir est profondément engagé dans la question du jour. En parlant ainsi, ne pensons-nous pas exclusivement au temps que peut durer encore la guerre sécessionniste. Personne assurément n'oserait en préciser le terme. Quoique l'on soit visiblement épuisé des deux côtés, il y a une telle égalité relative des forces entre les combattants — les États confédérés paraissant être, sur la défensive, au niveau des États fédérés pour l'offensive — qu'on n'entrevoit pas bien comment et par qui pourrait être remportée une victoire assez décisive pour mettre fin à une lutte où l'importance vitale des questions engagées pousse les deux parties à risquer le tout pour le tout. Mais que la fin de la guerre, n'importe comment, soit proche ou non, rien n'autorise à croire que ce serait la fin aussi de la crise cotonnière. Là est, à notre sentiment, la haute gravité, là gît l'intérêt permanent des problèmes que soulève la rareté du coton.

Les renseignements sur ce qui se passe dans les États confédérés sont bien maigres et fort vagues aussi. Voici qui semble néanmoins hors de doute : la production du coton a dû y être fortement réduite depuis 1861. C'est inévitable. D'abord les débouchés manquent au coton, puisqu'on ne peut pas l'exporter pour l'Europe, le principal acheteur; les terres manquent, puisqu'il faut, avant tout, vivre, et pour vivre, cultiver les céréales, que les États sécessionnistes ne reçoivent plus du Nord et de l'Ouest, naguère leurs constants fournisseurs; les bras manquent, un peu par la même raison, et parce que la guerre absorbe jusqu'aux bras noirs, ne fût-ce que pour des occupations accessoires ; enfin, les capitaux, devenus rares par l'absence de toute relation avec l'étranger et absorbés par les besoins de la guerre, manquent probablement aussi aux planteurs du Sud, surtout pour travailler en vue de chances de vente bien lointaines. La culture et la production du coton devaient ainsi depuis longtemps être fortement réduites ; par son manifeste du 10 avril dernier, le président Jefferson Davis va jusqu'à imposer aux Confédérés comme un devoir civique, pour ainsi dire, l'abandon de la culture cotonnière.

Ainsi, en supposant même une fin prompte de la guerre, il faudrait être bien optimiste pour croire que de fortes quantités de coton afflueraient aussitôt sur les marchés de l'Europe. Durant trois années successives, le Sud en a produit beaucoup moins qu'il n'en produisait d'habitude ; il en a passablement brûlé ou noyé ; d'où viendrait « l'inondation » capable de remplir tout d'un coup les docks et les entrepôts dégarnis par une disette triennale ?

Il y a plus : on doute que, même après l'entier rétablissement de la paix, la culture cotonnière puisse reconquérir la large part qu'elle avait prise avant la guerre sécessionniste dans l'activité productive du Sud. L'Europe, consommatrice de coton, apprend aujourd'hui à ses dépens combien il est dangereux de se fier entièrement sur une provenance unique, pour un article d'une importance industrielle aussi vitale : nous avons signalé le zèle qu'elle déploie pour mettre la leçon à profit. Mais les mêmes événements contiennent une leçon aussi à l'adresse du Sud, producteur du coton ; ils lui apprennent qu'il est déraisonnable pour un pays de s'adonner exclusivement à la production d'un seul article, tant recherché soit-il. La leçon est trop pénétrante pour que les Sudistes la dédaignent. Qu'il rentre dans le giron de l'Union ou qu'il parvienne à assurer son autonomie, le Sud ne voudra plus être à la merci du Nord pour ses premiers besoins en articles agricoles et industriels. De plein gré il réduira ses plantations cotonnières, pour cultiver plus de céréales et pour faire aussi un peu plus d'industrie : il continuera systématiquement dans la paix ce que la guerre le force aujourd'hui de tenter.

Serait-il le maître d'agir autrement? On n'oserait guère l'affirmer. Tout porte à croire, en effet, que l'*institution domestique* sortira mortellement atteinte des luttes sanglantes que Washington et Richmond se livrent aujourd'hui sur son dos. Où le triomphe du Nord imposera l'abolition plus ou moins immédiate de l'esclavage, ou le Sud, devenu autonome, sera amené, par égard pour l'Europe et dans l'intérêt de sa sécurité intérieure, à la décréter. En tous cas, les jours de l'esclavage nous semblent comptés. Or, l'histoire toute récente de l'émancipation accomplie dans les colonies françaises ne permet pas de croire que les esclaves, le lendemain de leur affranchissement, consentent à faire contre salaire le travail qu'ils exécutent aujourd'hui forcément. On les y amènera certes avec le temps et avec de la patience; mais il en faudra apparemment beaucoup et de l'un et de l'autre.

IV.

De tout cela, quel sera le résultat immanquable? Le voici. D'abord, la production cotonnière de l'Amérique du Nord ne reviendra probablement pas de sitôt à son étendue d'avant la guerre sécessionniste; ensuite, le produit sera renchéri d'une façon constante, non-seulement en raison de cet amoindrissement du produit, mais dans une proportion beaucoup plus forte, parce qu'il aura coûté plus cher au producteur. On peut objecter, nous le savons, qu'au fond le travail libre, qui est un travail plus intelligent, plus actif et plus consciencieux, donne des résultats supérieurs à ceux du travail esclave; tout en paraissant plus cher, il ne l'est guère en réalité. C'est vrai dans une certaine mesure : le planteur qui conservera ses noirs comme travailleurs salariés, trouvera, sans doute, dans un travail supérieur, plus satisfaisant pour la quantité et la qualité, ample dédommagement de la cherté plus grande de la main-d'œuvre. Mais cela compensera tout au plus la différence du prix qui existe entre le travail libre et le travail esclave. Les autres causes de renchérissement que nous venons de signaler, et qui se trouvent dans la réduction des terres, des bras et des capitaux consacrés naguère à la culture cotonnière, n'en subsisteront et n'en agiront pas moins.

Cette diminution dans l'offre du coton américain sera d'autant plus sensible à l'industrie européenne, elle agira d'autant plus fortement sur le prix du coton en général, que la demande n'a aucune tendance à diminuer ; au contraire. La demande doit continuer à se développer, grâce déjà au progrès de l'aisance chez les classes moyennes et ouvrières. Qui l'ignore ? la fortune étonnante du coton n'est pas due seulement à ses bonnes qualités intrinsèques, à son bas prix ; elle provient aussi de ce que l'apparition de ce textile sur le marché européen a coïncidé avec l'affranchissement des classes aisées et pauvres par la révolution en France, et, sous le contre-coup de cette révolution, dans les autres parties de l'Europe. C'était tout un monde de consommateurs qui naissait à point pour un article qui permettait aux classes venant d'être émancipées de s'approprier les aises des classes dites supérieures. Or, cette progression rapide, qui depuis quarante ans a été imprimée à la demande de coton par la marche ascendante et du nombre des consommateurs et de leur faculté d'acquérir, n'est pas près de faiblir. Elle se maintient sous l'action continue des mêmes causes. Si changement il y avait, ce ne serait que dans le sens de l'accélération.

Tout ne serait donc pas dit encore si l'on parvenait même à faire remonter la production du coton au chiffre atteint avant la guerre sécessionniste ; il faudrait trouver les moyens d'assurer plus que cela : l'augmentation permanente de l'offre. Nous avons vu que, raisonnablement, c'est plutôt au phénomène contraire qu'il faut s'attendre.

En résumé, la question se pose de la manière que voici :

Dès aujourd'hui, la guerre sécessionniste a fait descendre

l'importation cotonnière de la France au quart environ du chiffre normal : c'est 31 millions 200,000 kilogrammes dans le premier semestre (1er janvier — 30 juin) de l'année courante (1863), contre 115 millions de kilogrammes importés durant la première moitié de l'année 1861. L'importation menace de tomber plus bas encore, si la guerre continue d'empêcher soit la production, soit l'exportation du coton par les États confédérés de l'Amérique du Nord. Les cotons d'autres provenances qu'on cherche à leur substituer ne s'y prêtent encore que d'une manière très-insuffisante, sous le double rapport de la quantité et de la qualité. La France, au surplus, ne les reçoit, pour la majeure partie, que de seconde main, c'est-à-dire d'une manière fort chanceuse.

Voilà pour le temps que dure et durera la guerre esclavagiste. La guerre une fois terminée — veuille Dieu que ce soit au plus tôt ! — nous ne revenons pas pour cela à la situation normale : le coton américain, en tous cas la quantité exportable, se trouvera forcément et fortement diminué; il aura, sous l'influence combinée d'autres circonstances encore, renchéri dans une proportion plus forte que ne le comporterait l'amoindrissement de l'offre. En même temps, les besoins de la consommation ne pourront que croître. C'est dire, en un mot, que la crise cotonnière nous menace de sa permanence.

Y a-t-il moyen pour la France de parer en partie aux inconvénients dont cet état de choses la comble dans le présent, dont il l'inquiète pour l'avenir? Voilà ce que, depuis tantôt trois ans, se demandent l'industrie et le commerce, si directement et si vivement intéressés dans la question; voilà ce que demandent aussi, avec une curiosité non moins vive et anxieuse, l'économiste, le philanthrope, l'homme d'État. C'est que l'importance vitale de l'industrie cotonnière transforme en question sociale ce qui intéresse la prospérité et l'avenir de cette industrie.

V.

Les efforts qui tendent à nous faire obtenir de l'Algérie, de l'Inde, du Brésil, une partie du coton que l'Amérique nous refuse et continuera de nous refuser, sont des plus méritoires. Mais déjà on en connaît l'insuffisance; la lenteur surtout du résultat convoité est aussi manifeste qu'inévitable. L'intensité du mal et l'urgence d'un remède à trouver commandent donc de ne pas diriger les recherches d'un seul côté, d'essayer de tous les moyens à la fois pour combattre les souffrances du jour et les embarras du lendemain. Tout en s'appliquant à recueillir du coton partout où l'on peut en trouver, il faut penser aux moyens aussi de s'en passer dans une certaine mesure, en demandant à d'autres textiles de quoi combler la lacune que laisse la raréfaction du *Gossypium*.

La nécessité impérieuse et l'esprit inventif qui caractérise notre époque ont déjà dirigé dans ce sens les investigations des hommes de la science et des praticiens. Il suffira de citer, comme preuve à l'appui, l'importance déjà acquise du *jute*, textile hier encore tout à fait inconnu, et dont la consommation se monte aujourd'hui à plusieurs millions. Mais la quantité est insuffisante pour combler la lacune dans les arrivages du coton; pour les qualités, la substitution laisse plus encore à désirer. Et, ce qui est plus grave, malgré tout, déjà on le dispute à la France et on nous l'enlève; ou plutôt des concurrents plus zélés ou mieux placés l'interceptent. Ainsi, notre industrie n'a reçu dans le premier semestre 1863 que 2,599,979 kilos de jute, contre 3,456,900, et respectivement 5,523,300 kilos consommés dans le premier semestre des années 1861 et 1862.

Cherchons de plus près, tout en poussant nos investigations aussi loin que possible; tournons le regard en arrière aussi, sans négliger de le porter en avant. Puisque le coton se trouve quelque peu écarté par la force des circonstances, pourquoi ne pas revenir, en partie, aux concurrents que sa force envahissante et absorbante avait éloignés, supprimés presque?

Quand le coton, par suite des guerres maritimes du premier empire, manquait tout d'un coup aux fabriques françaises, à peine établies alors, Napoléon Ier offrait une rémunération d'un million de francs à qui trouverait le moyen de filer mécaniquement les textiles indigènes, comme se filait le textile américain. Il est inutile de rappeler ici l'histoire si tristement instructive de Philippe de Girard, à qui la chute du premier empire fit perdre les légitimes fruits de sa féconde invention, et vis-à-vis de qui le second empire a réparé partiellement les injustices du sort et des hommes. Aujourd'hui, l'invention de Philippe de Girard a passé dans la pratique générale. Les moyens de travailler les textiles indigènes à l'instar du coton existent; les métiers fonctionnent partout : il s'agit de fournir la matière première aux machines; elles ne demandent pas mieux que de la travailler; elles sont parfaitement aptes à le faire. En un mot, pourquoi le chanvre et le lin, que le coton a refoulés, qu'il a fait négliger, et dont il a ainsi empêché le développement progressif, ne retrouveraient-ils pas une partie de la sollicitude qui en a été détournée si injustement et si inopportunément? Pourquoi les textiles indigènes ne viendraient-ils pas réoccuper, dans nos filatures et dans notre consommation, une partie de la place laissée vide par la disparition ou la rareté du coton, qui les en avait chassés?

VI.

C'est du chanvre surtout que nous allons nous occuper dans les pages qui suivent; mais à peine avons-nous besoin de le faire remarquer pour quiconque est un peu familier avec la matière : ce que nous dirons du chanvre s'applique *à fortiori* au lin.

L'importance du chanvre, au point de vue industriel, a été reconnue d'ancienne date en France. Le titre VIII (art. 6) de l'ordonnance de 1687 l'avait mis au nombre des marchandises qui ne pouvaient sortir du pays qu'avec permission spéciale. Pour être erronée dans son principe, que nous n'avons pas à discuter ici, cette stipulation n'en témoigne pas moins du prix qu'on attachait à conserver pour l'industrie indigène le chanvre que produisait l'agriculture française. Mais l'importance attribuée au chanvre est attestée mieux encore par l'arrangement convenu, en 1719, entre le régent de la fameuse *Compagnie des Indes*, alors toute-puissante dans le royaume. La Compagnie, qui, sous la protection du duc d'Orléans et la direction de Jean Law, était parvenue à accaparer tout le commerce de la France avec les pays transocéaniques, toutes les opérations de crédit, et jusqu'aux affaires financières de l'État, s'était également rendue adjudicataire du monopole du tabac, déjà assez important. Elle offrait cependant de laisser toute liberté au commerce et à la consommation du tabac exotique, si le gouvernement consentait, en retour, à faire supprimer à l'intérieur la culture du tabac, à lui substituer le chanvre, et à accorder à la Compagnie un privilége qui, de fait, allait lui assurer le monopole du commerce de ce textile : elle achèterait le chanvre à raison de 33 francs, et fournirait au même prix à la marine les quantités dont celle-ci aurait besoin ; elle vendrait le reste, naturellement, aux prix qu'elle pourrait en obtenir.

Les propositions de la Compagnie ayant été agréées, il fut rendu, le 29 décembre 1719, un arrêt du conseil d'État par lequel le roi : « 1° ordonne que le commerce du chanvre, dans l'intérieur du royaume, serait libre ; 2° fait défense de le faire sortir et de l'envoyer à l'étranger, à peine de confiscation et de 10,000 livres d'amende ; 3° permet à la *Compagnie des Indes* d'établir des magasins et de fixer le prix des chanvres ; 4° décharge ceux qui y sont portés de tous droits de fermes, octrois, péages et autres, sans aucune exception. » Le même arrêt décidait l'établissement de magasins à Nantes, à Port-Louis, à Rouen, à Tonneins, à Valence, à Maringue, à Clermont, à Auxerre, à la Charité, à Moulins, à Châtellerault et à Saumur; il fixait de même le prix pour chaque magasin et contrée : ce prix variait de 30 à 35 livres le quintal, selon la provenance et la qualité des chanvres.

La triste fin de la *Compagnie des Indes*, mortellement atteinte par la chute de son créateur, Jean Law, et la terrible débâcle du *Système* dont l'Écossais était le représentant, engloutissaient également le privilége relatif au chanvre. Deux arrêts du 29 mai 1722 rétablissaient l'ordre de choses antérieur. C'était remettre aussi en vigueur l'article 6 de l'ordonnance de 1687 : l'exportation du chanvre, sans permission spéciale, restait donc interdite.

Cet arrêt prohibitif eut l'effet inévitable de toutes les mesures inintelligentes de ce genre. La culture déclinait. Loin d'exporter du chanvre, la France dut en demander d'assez fortes quantités à l'étranger : la veille de la grande Révolution, on importait pour 10,335,300 fr. de chanvre et de lin. C'est la moyenne des années 1787 à 1789, ainsi que M. Chaptal crut pouvoir l'établir.

La prodigieuse impulsion imprimée par l'affranchissement du sol et du cultivateur à toutes les branches de l'industrie agricole, semble avoir profité à l'industrie chanvrière aussi. D'après les renseignements fournis par l'économiste homme d'État que nous venons de nommer, ministre de l'intérieur sous le premier empire, l'agriculture française ensemençait alors en chanvre environ cent mille hectares dans cinquante-sept départements, et récoltait 386,773 quintaux métriques de chanvre en bâton : la récolte est estimée à une valeur de trente et un millions de francs. Ces chiffres n'embrassent, toutefois, que la grande culture, sur laquelle seule les renseignements avaient été transmis au gouvernement; la petite culture, qui se borne à produire ce qu'il faut pour les besoins de chaque famille, échappait à la statistique officielle où puisait M. Chaptal. Quoi qu'il en soit, M. Chaptal estimait que la filature indigène devait encore demander un supplément de matière première pour environ cinq millions de francs. Il arrivait ainsi à évaluer à 35,708,000 francs la masse de la matière première mise en œuvre par l'industrie française. Le travail en triplait la valeur; de sorte que le produit manufacturé valait environ cent sept millions de francs par an.

VII.

L'impulsion dont nous venons de signaler les premiers effets a-t-elle continué d'agir? La production et, respectivement, l'industrie chanvrières ont-elles progressé à pas égal avec l'ensemble de nos cultures et de nos industries? La réponse, si nous la demandons aux documents officiels, est peu satisfaisante.

Les renseignements touchant la production sont, à la vérité, quelque peu surannés. La dernière statistique officielle de l'agriculture française, publiée à la fin de 1860, ne va pas au-delà de l'année 1852. A défaut de données plus récentes, il faut bien s'en tenir aux renseignements d'il y a dix ans — comme point de départ tout au moins.

Constatons donc que, d'après la statistique publiée en 1860, la France consacre une étendue de 125,357 hectares à la culture du chanvre. Chaque hectare demande, en moyenne, 3.90 hectolitres de semence, et rend 7.34 hectolitres en grains et 5.12 quintaux en filasse. La production moyenne par année s'établissait comme suit :

Graine. . . . . 923,759 hectolitres; valeur : Fr. 12,849,236
Filasse. . . . . 646,886 quintaux; — 50,250,747

Voici comment cette moyenne se décompose pour les neuf régions en lesquelles se divise la France agricole :

I. Culture et Rendement.

RÉGIONS.	CULTURE.		RENDEMENT (par hectare).	
	ÉTENDUE CULTIVÉE. (Hectares.)	SEMENCE. (Hectol.)	GRAINE. (Hectolitres.)	FILASSE. (Quintaux.)
Nord-Ouest	27,812	3.27	7.41	4.86
Nord.............	6,636	4.60	9.12	6.71
Nord-Est	17,919	4.12	10.32	4.63
Ouest............	18,553	3.31	7.07	5.73
Centre	17,120	2.96	7.55	4.31
Est	17,943	2.09	6.69	4.90
Sud-Ouest.........	9,260	4.86	7.05	5.45
Sud.............	8,287	5.18	7.41	4.97
Sud-Est...........	1,827	4.70	8.60	6.26
France...........	125,357	3.90	7.34	5.12

II. Produit total.

RÉGIONS.	QUANTITÉS.		VALEURS.	
	GRAINE. (Hectol.)	FILASSE. (Quintaux.)	GRAINE. (Fr.)	FILASSE. (Fr.)
Nord-Ouest	180,414	133,412	1,879,252	8,565,309
Nord..........	51,584	46,947	654,915	3,788,359
Nord-Est	180,293	85,351	2,601,291	7,762,860
Ouest..........	137,814	118,552	1.842,229	8,570,815
Centre.........	138,615	73,369	1,883,635	5,357,138
Est	114,105	92,966	1,956,865	8,051,445
Sud-Ouest	46,912	48,045	821,300	3,873,410
Sud..........	58,382	36,832	903,749	3,120,762
Sud-Est	15,640	11,412	306,000	1,160,619
France........	923,759	646,886	12,849,236	50,250,717

La valeur totale de la production chanvrière serait ainsi d'environ 63 millions de francs, obtenue d'une culture qui embrasse un peu au-delà de 125,000 hectares. Si l'on veut comparer ces chiffres à ceux donnés par M. Chaptal pour le commencement du xixe siècle, il faut ne pas oublier que le dernier recensement, grâce au mécanisme amélioré de la statistique administrative, a dû être de beaucoup plus complet (moins vicié par des omissions) que le recensement opéré dans la première vingtaine de ce siècle. On ne pourra alors s'empêcher d'en convenir : les progrès de la production chanvrière sont restés bien au-dessous des progrès généraux, soit de l'agriculture, soit de l'industrie.

Mais il paraîtrait même qu'il y eut recul positif dans les dix années qui terminent la première moitié de notre siècle. En effet, si nous en croyons la statistique (officielle) de l'agriculture en France, publiée en 1840-42, la culture du chanvre avait alors embrassé une étendue de 176,148 hectares, c'est-à-dire de deux cinquièmes ou de 40 0/0 en plus qu'en 1852! Le produit moyen aurait été de 9.49 hectolitres en grains (contre 7.34 en 1852), et de 3.83 quintaux en filasse (contre 5.12 quintaux en 1852). On évaluait, à la même époque, le prix moyen de l'hectolitre de grains à 17 fr. 05 c., et le quintal de filasse à 90 francs. La valeur du rendement moyen par hectare s'établissait donc, en chiffres ronds, comme suit :

Graines. . . 9.49 hectolitres, à 17 fr. 05 c. . Fr. 160
Filasse . . . 3.83 quintaux, à 90 francs. . .   345

Ce qui donne un ensemble de. . . . . Fr. 505

Par contre, dix ans plus tard, la valeur du rendement moyen s'établit, d'après la statistique de 1852, comme suit :

Graines. . . 7.34 hectolitres, à 13 fr. 85 c. . Fr. 103
Filasse . . . 5.12 quintaux, à 77   38 . .   393

Ce qui donne un ensemble de. . . . . Fr. 496

c'est-à-dire une faible diminution, pour le rendement de 1852, par hectare moyen. Ainsi donc, s'il était vrai que l'étendue cultivée a diminué de deux cinquièmes, la valeur totale du rendement aurait diminué dans une proportion plus forte encore que les deux cinquièmes. Et, en effet, la statistique officielle évaluait, il y a vingt ans, la production annuelle moyenne aux chiffres que voici :

Graines. 1,671,644 hectol., à 17 fr. 05 c., font	Fr.	28,501,479
Filasse . 675,070 quint., à 90 francs, font .		60,276,300
Soit un ensemble de.	Fr.	89,257,779

D'autre part, on a vu par les tableaux cités plus haut que, il y a dix ans, la valeur de la production n'était, année moyenne, que de :

Fr. 12,849,236 pour la graine ;

50,250,717 pour la filasse ;

Soit un ensemble de Fr. 63,099,953 pour graine et filasse réunies. Ce qui reviendrait à dire que le rendement en argent de la graine a diminué de quatre septièmes environ ; le rendement en argent de la filasse aurait décru de un sixième. Sur l'ensemble de la production, il y aurait eu ainsi, quant à la valeur vénale, diminution de plus d'un quart dans l'espace de dix ans seulement.

Le fait est à peine croyable, malgré la provenance officielle des chiffres dont il ressort. Peut-être quelque changement essentiel dans le mode de recensement a-t-il altéré les résultats, ou du moins surforcé les différences entre les résultats de 1842 et ceux de 1852. Il n'est pas à supposer, en tout cas, que la diminution ait continué sur le même pied dans les dix années suivantes, de 1852 à 1862. Il convient d'ajouter encore que les chiffres admis aujourd'hui par les hommes compétents, comme produit moyen, par hectare, de la culture chanvrière, dépassent de beaucoup ceux qu'indiquent les statistiques officielles. On estime maintenant le rendement moyen en filasse à 1,000 kilogrammes par hectare, si le cultivateur ne veut obtenir que de la filasse; s'il veut recueillir à la fois de la graine et de la filasse, le produit moyen descendrait à 800 kilogrammes, pour la filasse, mais il obtient 300 kilogrammes de graine. La valeur en argent du produit serait, dans l'un et dans l'autre cas, un peu supérieure à 900 francs par hectare (1).

VIII.

Mais à travers ces différences de renseignements et d'évaluations un fait paraît se dégager avec une grande évidence: c'est l'absence de progrès — pour employer le terme le plus mitigé — dans la culture et la production chanvrières. Cet état de choses peut d'autant plus étonner et est d'autant plus fâcheux que la consommation du chanvre avait continué sa marche ascendante, malgré l'envahissement croissant du coton, jusqu'à la veille de la guerre esclavagiste. Quand l'industrie cotonnière était à son apogée, on consommait encore en France autant de filasse de chanvre que de coton : environ 2 kilogrammes par individu. La demande de chanvre dut donc augmenter tout au moins en rapport avec le chiffre d'habitants. N'étant pas secondé par un accroissement correspondant de la production indigène, cet accroissement de la demande a naturellement eu pour effet de surélever les quantités que la France est obligée de demander annuellement à l'étranger. Voici quelles ont été les quantités de chanvre étranger consommées en France dans les dix années qui précédèrent la guerre sécessionniste, c'est-à-dire au point culminant de l'importation et de la consommation cotonnières:

(1) *Traité d'agriculture,* par MM. Girardin et du Breuil. Paris, 1863. Garnier frères. Vol. Ier, p. 452.

Importation. — Commerce spécial.

ANNÉES.	TEILLÉ ET ÉTOUPES (kilogr.)	PEIGNÉ. (kilogr.)	ENSEMBLE. (kilogr.)
1851..............	1,978,104	345,778	2,323,882
1852..............	2,735,195	327,938	3,063,033
1853..............	3,328,656	452,606	3,781,262
1854..............	2,130,508	271,448	2,401,956
1855..............	1,952,230	284,708	2,236,938
Ensemble.....	12,124,693	1,682,478	13,807,071
Moyenne	2,425,039	336,496	2,761,415
1856..............	5,731,283	437,932	6,169,215
1857..............	7,356,251	386,382	7,742,633
1858..............	5,872,038	378,187	6,250,225
1859..............	5,480,644	382,576	5,863,220
1860..............	6,260,891	559,402	6,820,293
Ensemble.....	30,701,107	2,144,479	32,845,586
Moyenne	6,140,021	428,896	6,569,117

Ainsi, de 1851-55 à 1856-60, dans l'époque juste où la domination exclusive du coton semblait de plus en plus s'étendre et
se consolider, notre consommation de chanvre étranger a monté
de 13.8 millions de kilogrammes à 32.8 millions ; la moyenne
annuelle monte de 2,761,414 kilogrammes à 6,569,117. C'est
une augmentation de 140 0|0 environ, augmentation supérieure
à celle même que subissait la consommation du coton dans le
même espace de temps !

Avons-nous besoin d'ajouter que, sous la pression de la crise
cotonnière, la demande du chanvre étranger réalise aussitôt une
progression bien autrement forte que nous l'avons vue s'opérer
dans la période quinquennale précédente ? En effet, de 6 mil-

lions 800,000 kilogrammes que l'importation embrasse en 1860, elle monte, en 1861, aux chiffres qui suivent :

Teillé et étoupes. . . . 9,292,027 kilog.
Peigné. 432,187

ce qui donne un ensemble de 9,724,214 kilogrammes (1) : plus que le triple du chiffre de la période quinquennale de 1851 à 1855, et de moitié supérieur au chiffre de la quinquennale suivante !

L'augmentation considérable et continue de l'importation du chanvre dès avant la guerre sécessionniste, autrement dit avant la crise qui tout d'un coup rendait plus rares les arrivages du coton, et la forte et subite surélévation des quantités importées dès la première année où sévit cette crise, sont deux faits des plus éloquents : ils peuvent se passer d'amplifications. Ils prouvent que l'industrie française s'est retournée, dès que le coton commençait à manquer, vers les textiles auxquels il avait été substitué ; qu'elle a demandé à une plus forte importation de chanvre une compensation partielle du coton qui manquait. N'est-ce pas là tout un programme et un programme venant à l'appui de ce que nous disions plus haut du retour qu'il faut tenter vers les textiles indigènes, trop longtemps négligés sous l'empire absorbant du coton ?

Mais la médaille a son revers. La France n'a pas seule eu la pensée de se tourner vers le chanvre ; d'autres nations l'ont eue avec elle ou avant elle. La compétition générale des acheteurs est devenue plus vive sur tous les marchés où le chanvre est offert. Il en est résulté non-seulement que la France a été empêchée de maintenir son importation à la hauteur exceptionnelle où elle l'avait portée en 1861 ; il s'est produit, de

---

(1) Non compris 167,193 kilogrammes de tiges, importation qui paraît avoir été tentée pour la première fois en 1861, et ne peut en effet s'opérer que sous la pression d'un besoin des plus criants. Une matière première dont seulement les 12-15 0/0 sont utilisables n'est certes pas faite pour être transportée à de grandes distances à l'état brut.

plus, un fort accroissement dans la sortie des chanvres français. En effet, tandis que l'importation du chanvre (teillé et étoupes) étranger est descendue, en 1862, à 6,215,708 kilogram., soit aux deux tiers du chiffre atteint en 1861, l'exportation du chanvre français, qui n'avait été que de 495,673 kilogrammes en 1860, s'est élevée successivement à 664,255 kilogrammes en 1861, et à 1,152,578 kilogrammes en 1862.

Les chiffres de l'année courante sont, s'il est possible, plus significatifs encore. Dans le premier semestre de 1863, l'importation du chanvre (1,931,742 k.) (1) n'atteint pas même aux deux tiers du chiffre obtenu dans l'époque correspondante de 1861, où elle avait dépassé trois millions de kilogrammes. Par contre, l'exportation continue de monter. Elle atteint le triple presque du chiffre où elle était arrivée en 1861 : c'était 253,500 kilogrammes dans le premier semestre de 1861 ; c'est déjà 452,200 kilogrammes en 1862 ; c'est enfin 730,124 kilogrammes pour l'espace de temps compris entre le 1er janvier et le 30 juin derniers.

Cela revient à dire que, la compétition générale étant devenue plus forte par suite de la crise cotonnière, les pays producteurs de chanvre nous fournissent moins de leurs chanvres, en même temps que les pays consommateurs de chanvre nous soutirent des quantités plus fortes de notre propre produit.

IX.

La signification des faits qui précèdent est claire comme le jour. Ils indiquent à la France *le développement de la production chanvrière comme un des réactifs les plus sûrs, les meilleurs et les plus aisés à obtenir contre les désastreux effets de la crise cotonnière;* ils disent que, pour atténuer dans le présent les souffrances qu'occasionne la rareté du textile exotique; pour conjurer les

(1) Teillé et étoupes; non compr's le chanvre *peigné* (1 5,150 k.).

embarras dont les approvisionnements amoindris et les prix élevés du coton menacent dans l'avenir l'industrie de la filature et du tissage, il faut, *sans négliger les autres moyens de nature à alléger la crise*, s'appliquer sans relâche à accroître la production des textiles indigènes et à en améliorer l'exploitation.

Pour y parvenir, il faut écarter les obstacles qui ont jusqu'à présent empêché la progression de cette culture, ou même — comme cela paraît être arrivé entre 1842 et 1852 — l'ont fait reculer.

Or, l'obstacle principal au développement de la production et de l'industrie chanvrières n'est ailleurs — tous les hommes spéciaux le savent — que dans la difficulté qu'offre la préparation de la matière première. Autrement dit : *cet obstacle principal se trouve dans les inconvénients de toute nature que présente le rouissage.*

Le chanvre, chacun le sait, est composé d'une tige tubulaire et d'une écorce fibreuse à filaments longitudinaux. Une substance glutineuse réunit ces deux parties, que recouvre un épiderme très-mince. La partie ligneuse est fragile ; l'épiderme a très-peu de cohésion ; la partie fibreuse seule a de la force : sa ténacité et sa flexibilité en font la partie utile. Pour l'isoler, il faut écarter la résistance qu'oppose la matière gommo-résineuse à la séparation du bois d'avec la filasse et des parties de la filasse entre elles.

C'est à la fermentation qu'on a toujours demandé et que l'on continue de demander la dissolution de la matière gommo-résineuse. Deux agents sont nécessaires à cette fermentation : l'humidité et la chaleur. On les met en œuvre par deux voies différentes.

C'est d'abord le rosage, appelé aussi rorage ou sereinage. On expose les tiges de chanvre, sur des prés, à l'action successive de l'humidité atmosphérique et du soleil. La fermentation est interrompue chaque jour par la dessiccation qu'amène la chaleur solaire. Au bout d'un mois environ, si le temps a été favorable, la décomposition de la matière glutineuse est accomplie :

la filasse se détache de l'écorce, la matière ligneuse et la matière fibreuse sont séparées. Dans l'autre système, on plonge les gerbes dans l'eau, et on les y laisse séjourner jusqu'à ce que la matière gommo-résineuse ait été dissoute par la fermentation : c'est le rouissage.

Des essais comparatifs faits entre les deux systèmes ont démontré que c'est le rouissage qui donne les résultats les plus satisfaisants, ou plutôt qui offre une quantité moindre d'inconvénients : aussi le rouissage a-t-il depuis longtemps pris le pas sur le rosage. Ce dernier mode n'est que d'une application fort localisée ; on s'en sert alors seulement que le manque d'eau dans la contrée rend le rouissage tout à fait impraticable.

Le rosage, ou le rouissage à la rosée, n'a donc pas d'importance sérieuse. Il est jugé et écarté. On n'y voit qu'un en cas pour des besoins exceptionnels. C'est le rouissage à l'eau qui constitue le procédé général, et dont on se sert presque exclusivement pour obtenir la filasse du chanvre et du lin. C'est donc du rouissage que nous avons seul à traiter.

X.

Le rouissage, nous venons de le voir, était le seul moyen pour obtenir une matière première qui, avant l'introduction du coton en Europe, devait être bien autrement précieuse encore qu'elle ne l'est aujourd'hui ; eh bien, malgré cela le rouissage n'a jamais été vu d'un bon œil ni par ceux qui l'emploient ni par l'opinion en général. L'agriculture subissait plutôt cette opération, faute de mieux, qu'elle ne l'acceptait. L'opinion, par l'organe des autorités constituées, ne se bornait pas toujours à réclamer : souvent elle cherchait à interdire ou du moins à restreindre le rouissage.

La défaveur générale qui pèse sur cette opération est suffisamment motivée par sa suprême insalubrité. Celle-ci est inévitable. N'est-ce pas la putréfaction qu'il s'agit de produire, et n'est-ce pas à sa force destructive seule que l'on demande de dissoudre la matière glutineuse qui empêche le dégagement de la filasse? La putréfaction développe forcément des miasmes délétères. Ils attaquent la santé des ouvriers occupés au rouissage. Ils empoisonnent l'air de toute la contrée où l'opération s'effectue. On veut avoir constaté que la mortalité est plus grande dans les départements où le rouissage du chanvre est pratiqué sur une large échelle; les maladies qu'il répand autour de lui, ainsi que son effet mortel sur les poissons, sont incontestables et incontestés (1).

Aussi, malgré l'absence de tout autre moyen d'obtenir la filasse, les autorités n'ont-elles pas cessé de surveiller le rouissage pour le réglementer, le restreindre et l'interdire au besoin. Des ordonnances qui remontent jusqu'au milieu du xvi⁰ siècle et se continuent jusqu'à la fin du xviii⁰ siècle, répètent les réglementations émanées des parlements de Paris et des provinces touchant le rouissage. Sous la Restauration on eut même l'idée de le supprimer par autorité : c'eût été — puisqu'aucun procédé de nature à le remplacer efficacement n'était encore découvert — supprimer tout simplement la culture et l'industrie chanvrières. On comprend que la législature, que l'administration reculent devant des mesures aussi tranchantes. Toutefois, les maires, en vertu de l'article 3 de la loi du 24 août 1790, ont le droit d'interdire le rouissage dans les rivières, les étangs et les mares qui avoisinent les habitations, dans l'intérêt de la salubrité publique. Les égards pour l'agriculture et l'industrie leur commandent de n'user de ce pouvoir qu'avec une grande réserve.

Les interdictions ou les entraves qui gênent le rouissage dans les rivières conduisent à l'établissement de routoirs, espèces

---

(1) En Belgique, la mortalité du poisson fut, au commencement du xix⁰ siècle, si grande, qu'une diminution de 30,000 francs fut accordée aux fermiers de la pêche aux environs de Gand. En 1859, le préfet du Var, par suite de la grande mortalité du poisson dans les rivières de son département, défendit le rouissage du chanvre et du lin, et prit des mesures générales pour empêcher les paysans de pêcher les poissons morts.

d'étangs ou de marais artificiels, profonds de 2 à 3 mètres environ et d'une capacité double de celle du chanvre qu'on veut y enfoncer. Les routoirs offrent certains avantages sur le rouissage en rivières : il n'y a pas de précautions à prendre contre les courants d'eau, et il n'y a pas de poissons qui souffrent de l'opération. Mais, par cela même que l'eau est stagnante, l'insalubrité est plus grande encore, s'il est possible; l'opération du rouissage devient plus malsaine pour les ouvriers qui l'exécutent et pour tous les habitants de la contrée : elle est empestée par les émanations morbides de ces foyers permanents de putréfaction. Aussi, est-ce le moins qu'ont pu faire le décret du 15 octobre 1810 et l'ordonnance du 14 janvier 1816, en rangeant les routoirs dans la première classe des établissements insalubres.

Il sera bon aussi de rappeler que la France n'a pas été et n'est pas le seul pays tourmenté du besoin de se débarrasser du rouissage. La question est depuis un demi-siècle à l'ordre du jour permanent en Autriche; une commission spéciale est chargée de l'étude des moyens qui permettraient, soit de supprimer le rouissage, soit de le rendre moins pernicieux pour la santé publique et moins insuffisant au point de vue industriel. En Belgique aussi, le gouvernement a fait de cette question l'objet d'études réitérées. Il en est de même dans tous les pays où la culture du chanvre et du lin a acquis une certaine importance.

De leur côté, la science et l'industrie n'ont pas discontinué de s'en occuper, surtout depuis le commencement du XIXe siècle. Ainsi Brall avait fait, sous le premier empire, des tentatives de rouissage à l'eau chaude et alcaline; ce système, employé dans certaines contrées de l'Amérique, n'est d'ailleurs qu'une sorte de préparation au rouissage à la rosée : les tiges retirées du cuvier doivent être exposées pendant cinq à sept jours à l'action de l'air, du soleil, des pluies et de la rosée. La méthode de Brall n'a pu parvenir à s'implanter en France, malgré les réclamations continues contre le rouissage ordinaire ; cela dit assez que le rouissage à l'eau chaude ne répondait point au but que l'on doit poursuivre. Nous en dirons de même de quelques autres tentatives faites en France et en Belgique : elles paraissent n'attaquer que l'un ou l'autre côté du problème à résoudre; elles semblent déplacer les difficultés, changer les inconvénients, au lieu de supprimer les uns et les autres.

XI.

Il n'y a aujourd'hui qu'une seule opinion sur les mauvais effets du rouissage au point de vue de la salubrité publique, et sur l'urgence de le remplacer ou de le restreindre du moins. Ce jugement a été confirmé une fois de plus, par des voix très-compétentes, lors de la dernière Exposition universelle, en 1862. Ainsi, la commission envoyée à Londres par le gouverneur général de l'Algérie, et chargée, entre autres, d'y faire des études au sujet du rouissage, le constate par l'organe de son rapporteur (M. Vatonne) : « Malgré les assertions et les expériences de Parent-Duchâtelet sur l'innocuité des eaux ayant servi au rouissage du chanvre et du lin, il est admis généralement *que le rouissage des matières textiles corrompt l'eau, rend son emploi dangereux pour l'homme et les animaux, tue les poissons, et répand dans l'air, à d'assez grandes distances des étangs ou cours d'eau, des miasmes délétères très-dangereux.* » Dans les rapports du jury français, M. Barral, si autorisé en ces matières, le répète : « *Les procédés de rouissage* dans les fosses, à l'eau courante ou à l'eau dormante, et même ceux de rouissage sur les prés, *sont condamnables à tous les points de vue.* » Son collègue du jury, M. Alcan, le savant professeur au Conservatoire des arts et métiers, voudrait même voir le gouvernement « supprimer radicalement » le rouissage, à cause des dangers qu'il offre pour la salubrité publique.

M. Alcan a soin d'ajouter : « dès que des procédés manufacturiers pourront y être substitués. » La réserve est très-naturelle. Nous avons vu que c'est précisément le manque de tout autre procédé pouvant remplacer le rouissage, qui l'a toujours maintenu malgré ses désavantages incontestés, malgré ses dangers même. Moins que jamais, la consommation voudrait, en présence de la crise cotonnière, se priver aujourd'hui d'un autre textile, ou seulement en restreindre l'exploitation. D'ailleurs, est-ce bien notre époque, justement fière de son esprit inventif, qui jamais s'avouerait impuissante à substituer des procédés perfectionnés aux procédés primitifs que d'autres âges lui ont légués?

Perfectionner ne répond pas toujours à son ambition ni à son désir de progrès rapide; mieux aime-t-elle réformer, révolutionner. Améliorer des procédés incomplets ou mauvais, c'est quelque chose : on s'en contente faute de mieux; mais les supprimer et leur substituer des procédés tout autres qui ne conservent aucun des inconvénients des modes primitifs, voilà ce qui répond beaucoup mieux aux tendances innovatrices du jour.

La question du rouissage n'a pu manquer de passer, elle aussi, par cette filière. On a essayé d'abord d'améliorer les anciens procédés, de diminuer les inconvénients du rouissage. L'industrie appelait à son aide tantôt la chimie, tantôt la mécanique; elle leur demandait de se charger d'une partie plus ou moins considérable de l'opération, jusque-là confiée au rouissage seul. Quel qu'ait été le mérite de certains de ces essais, ils sont distancés par l'innovation plus radicale *qui, au lieu de réformer le rouissage, le supprime.*

Voilà, en effet, où visent avec un entier succès les procédés imaginés par MM. Léoni et Coblenz. Appliqués d'abord dans une usine d'essai à Ivry (près Paris), ces procédés sont pratiqués aujourd'hui sur une large échelle dans l'établissement créé par les heureux inventeurs à Vaugenlieu (près Compiègne). On y opère par la mécanique ce que jusqu'à ce jour on demandait aux éléments de la nature; on réalise immédiatement ce qui exigeait plusieurs semaines ou plusieurs mois; on obtient, avec la sûreté mathématique qui distingue l'action de la machine, les résultats naguère abandonnés aux caprices de l'atmosphère; on exploite industriellement ce qui, hier, se faisait par des primitifs procédés agricoles.

Ajoutons aussitôt que les agents chimiques, qui, tout autant que la putréfaction, altèrent la filasse, n'entrent pour rien dans le système de MM. Léoni et Coblenz. Il ne s'agit pas là d'un rouissage artificiel qui déplace les difficultés ou change les inconvénients du rouissage primitif; la fermentation n'est pas accélérée, réglée ou simplifiée : elle est supprimée. On parvient à détacher immédiatement et sans préparation aucune, la filasse de la partie ligneuse. Peu de mots suffiront pour indiquer à grands traits la marche de l'opération.

Un coupe-racine, mû par la machine à vapeur qui fait marcher l'établissement tout entier, enlève la partie inférieure des tiges qui lui sont présentées en gerbes d'environ 50 centimètres de circonférence. L'accès étant ainsi ouvert à l'air, les gerbes sont soumises à une ventilation d'air tiède dans des compartiments spécialement construits à cet effet. Cette dessiccation obtenue — elle demande fort peu de temps — les gerbes sont montées dans les ateliers, et présentées par la main de l'ouvrier à une machine horizontale à cylindres cannelés. Elle les saisit, broie la partie ligneuse en peu d'instants et fait sortir la filasse par l'autre bout; là une seconde machine, à cannelures plus serrées et avec un mécanisme de va-et-vient, complète le broyage, divise et assouplit les filaments; une troisième machine, composée de deux tambours armés de lames en différents sens, élimine les parties ligneuses, nettoie, redresse et aligne les filaments; la main de l'ouvrier leur donne ensuite les derniers petits soins pour la mise en balles. Le passage de chaque gerbe à travers la série de machines mues par la vapeur demande deux minutes tout au plus; la tige confiée, à un bout de l'atelier, dans son état naturel, à la première broyeuse, sort ainsi quelques minutes après de la troisième machine à l'état de filasse; celle-ci n'exige plus que des opérations tout à fait accessoires, qui la rendent apte à servir, selon les degrés de finesse qu'on lui donnera, soit à la corderie, soit à la filature.

Pour apprécier à sa juste valeur la supériorité de ce système sur le rouissage, il convient de rappeler avant tout que l'insalubrité n'est pas le seul défaut de ce dernier procédé. Il laisse à désirer tout autant au point de vue des résultats. Ces derniers sont influencés ou plutôt déterminés par tant de causes accidentelles, que l'exploitation sur une échelle quelque peu large devient presque impossible avec le rouissage. Toute exploitation en grand doit pouvoir agir sur des prévisions d'une certitude tout au moins approximative ; elle ne peut pas courir les chances d'efforts dont le résultat dépendra d'influences indominables. Ainsi, le chanvre mâle rouit plus tôt que le chanvre femelle ; le premier reste dans le routoir de cinq à dix jours, et le second de huit à quinze jours, selon la température de l'eau. Le chanvre vert rouit plus tôt que le chanvre jaunâtre ; la partie inférieure des tiges plus promptement que la partie supérieure. Le chanvre nouvellement récolté exige moins de temps que le chanvre de la récolte précédente ; les grosses tiges sont finies avant le chanvre fin, et ainsi de suite. Il est, cependant, d'une suprême importance que chaque tige ne soit pas exposée au rouissage au-delà du temps absolument nécessaire pour opérer le dégommage. Le chanvre qui n'a pas fermenté suffisamment est difficile à travailler ; celui qui a roui trop longtemps donne moins de filasse, et les fibres sont moins nerveuses, moins résistantes. On le voit, l'opération, en apparence si simple, d'enfoncer les gerbes dans l'eau courante ou dormante, exige des soins et un discernement qu'on ne peut pas toujours attendre du petit cultivateur, et dont l'absence, pourtant, compromettra souvent le succès de toute l'opération du rouissage.

La difficulté d'obtenir par le rouissage des résultats satisfaisants est reconnue par ses partisans mêmes. C'est au point que « s'ils attachent quelque importance à ce système suranné, c'est parce qu'ils comptent sur leur habileté et leur expérience spéciale pour faire moins mal que leurs concurrents ; ils spéculent ainsi plus encore sur la difficulté de l'opération en elle-même, dont la réussite repose en quelque sorte sur un coup de dés, que sur la valeur réelle de leurs moyens. » (M. Alcan.) De plus, bien des spécialistes ont si peu de confiance dans les résultats du rouissage, qu'ils jugent nécessaire de scinder l'opération par un an d'intervalle, malgré la perte de temps et d'argent qui en résulte.

Voici qui est plus grave encore : c'est la presque impossibilité d'obtenir d'une façon entière le résultat auquel il faut tendre. En effet, le rouissage, quelques soins qu'on y mette, ne produit pas un dégommage complet. C'est ce dont témoignent déjà les préparations ultérieures que la filature et le tissage doivent faire subir au chanvre. L'insuffisance du rouissage à cet égard est une des causes principales de l'infériorité relative des textiles fournis par l'agriculture française ; les Irlandais, très-experts en cette matière, aimeraient mieux, à ce qu'on affirme, nous acheter les tiges que la filasse. Bien des produits, tels que les lins de la Picardie, perdraient même une partie de leurs qualités naturelles par les imperfections du rouissage.

XII.

Supposé que la filasse, quand elle sort des machines de Vaugenlieu, laisse à désirer, elle aussi, sous le rapport de la pureté, le procédé mécanique ne serait pas encore, sous ce rapport même, de beaucoup inférieur au rouissage, qu'il dépasse à tant d'autres égards. En ce qui concerne la force, par exemple, des essais comparatifs ont été faits depuis plusieurs années, non-seulement par de grands industriels qui travaillent les chanvres Leoni, mais encore par les arsenaux de la marine impériale. Ces essais ont prouvé que le chanvre non roui offre tout au moins autant de résistance que le chanvre roui. Le chanvre de cet établissement est plus assoupli aussi, la division des fibres est plus parfaite, il est livré beaucoup plus propre, plus net d'étoupes, mieux aligné et dressé, que ne le fournit l'ancien système.

Il convient d'ajouter que, dans la question qui nous occupe et au point de vue général où l'a placée la première partie de cette esquisse, l'essentiel n'est pas d'arriver du premier jet à la perfection absolue du produit livré par la mécanique. Ce qui importe, surtout en présence de la crise cotonnière, c'est de fournir en fortes quantités à la filature un textile qui puisse, dans une certaine mesure, combler la lacune laissée dans les approvisionnements par la rareté du coton. La matière première étant donnée, l'industrie, si inventive et si progressiste à notre époque, ne tardera pas à trouver et à appliquer les opérations complémentaires qui puissent rendre le succédané du coton parfaitement apte à sa destination; elle modifiera ses outils pour les adapter aux exigences du nouveau produit à travailler (1). Ce qui importe, c'est de pouvoir — en substituant des procédés industriels, prompts et réguliers, aux procédés agricoles, lents et peu certains — donner par le contre-coup une vigoureuse impulsion à la production chanvrière elle-même; c'est d'ouvrir ainsi des champs nouveaux à l'activité agricole, tout en venant puissamment en aide à l'activité industrielle.

Autant qu'un examen consciencieux fait sur les lieux peut permettre à un non-spécialiste d'en juger, le système pratiqué à Vaugenlieu embrasse toutes les faces du problème et le résout d'une manière satisfaisante. Ce n'est plus d'expérimentations qu'il s'agit à Vaugenlieu ; nous sommes en présence d'une exploitation sérieuse, qui marche depuis plusieurs années, qui consomme dès aujourd'hui jusqu'à 8,000 tonnes de chanvre par an ; d'une exploitation dont la clientèle va grandissant dans la corderie aussi bien que dans la filature, et qui déjà se trouve débordée par les demandes qui affluent de la France aussi bien que de l'étranger (2).

(1) Il s'agirait d'adapter au produit nouveau la dernière épuration, indispensable aussi au chanvre roui; l'épuration pourrait se faire soit sur la filasse, soit sur le fil. Déjà des établissements se créent dans ce but spécial. Les procédés de M. Lefébure, à Bruxelles, paraissent surtout appelés à rendre des services réels sous ce rapport. (Voir la brochure de M. Alcan sur ces procédés. Paris, 1862.)

(2) Les procédés appliqués par M. Léoni au chanvre peuvent, à l'aide d'un préalable dégommage à la vapeur, servir tout aussi bien à travailler le lin. C'est uniquement pour mieux assurer le perfectionnement de leur invention en concentrant leur activité sur une seule matière, que les directeurs de l'usine de Vaugenlieu n'y travaillent que le chanvre; les essais faits par eux sur le lin, à Ivry, ont parfaitement réussi.

La promptitude de l'opération et sa simplicité, qui en assure à la fois la régularité, impriment à la méthode de MM. Léoni et Coblenz un cachet souverainement industriel, c'est-à-dire de portée pratique. Il ne faut pas l'oublier : dans les divers systèmes proposés ou essayés jusqu'à présent — car nulle part on n'est encore allé au-delà de l'essai plus ou moins large — il s'agit seulement, tantôt de faciliter le rouissage, de le rendre moins long ou moins insalubre, tantôt de le remplacer tout au plus dans ses fonctions directes en laissant subsister la peine, la perte de temps et d'argent que nécessitent les opérations intermédiaires entre le rouissage et la confection de la filasse à l'état livrable. Rien de cela n'existe à Vaugenlieu. Le teillage ou broyage s'y effectue par la même opération qui remplace le rouissage; le chanvre, aussitôt apporté, peut passer sans délai à travers toutes les opérations qui le transforment en filasse. Il ne faut pas être spécialiste pour apprécier à leur juste valeur la promptitude et la régularité ainsi obtenues dans la préparation de la filasse (1).

La mécanique, de plus, ne se borne pas à livrer la filasse plus promptement, plus égale et plus régulière que les procédés automatiques; elle la livre encore :

1° En plus grande quantité ;

2° A moins de frais.

Abstraction faite même des pertes occasionnées souvent, dans le rouissage, par la négligence ou l'inintelligence des ouvriers, par l'inclémence de la température, il est avéré que l'ensemble des opérations qui constituent le système du rouissage ne parvient pas à faire rendre à la matière brute tout ce qu'elle contient en matière utilisable. Généralement, on estime que la

---

(1) Grâce à l'attention éveillée par la première édition de cet écrit, l'usine de Vaugenlieu à été honorée dans ces deux derniers mois de la visite de plusieurs des sommités agricoles, industrielles et économiques du pays. Après un examen attentif, tous ces personnages, dès mieux autorisés, ont hautement manifesté leur conviction de la parfaite applicabilité des procédés Léoni sur l'échelle la plus vaste, et de la grande portée de cette innovation pour l'industrie agricole et manufacturière de la France.

filasse n'est, pour le poids, que de 8 à 15 0/0 de la récolte du chanvre ; par contre, les procédés mécaniques dont nous nous occupons réussissent à porter le rendement utilisable jusqu'à 20 et 25 0/0 de la matière brute.

Ceci réagit déjà sur le prix de revient de la filasse. Mais le travail aussi est moins coûteux. Tout le monde comprendra qu'une fabrique qui, avec une centaine d'ouvriers, peut broyer par jour 16,000 kilogrammes de chanvre brut, opère d'une façon moins coûteuse que si ces 16,000 kilogrammes devaient, pendant tout l'hiver, occuper une famille chanvrière. Aussi les prix auxquels les chanvres teillés et peignés, ainsi que les étoupes, peuvent être fournis par le broyage mécanique, sont-ils, à qualité égale ou supérieure même, beaucoup moins élevés que les prix que le cultivateur, employant le rouissage et ses opérations accessoires, est forcé de demander.

XIII.

Le prix élevé du chanvre, comparativement au coton, n'a pas été une des moindres causes de la prédominance si promptement acquise au textile américain dès son entrée dans l'arène. Les procédés mécaniques permettront — grâce au travail moins coûteux et au rendement plus abondant — de faire, pour ainsi dire, deux parts de la différence : l'usine livrera la filasse moins cher aux consommateurs, tout en payant un prix plus rémunérateur aux fournisseurs de la matière brute. Il suffit d'indiquer, sans insister, l'heureuse influence que ce dernier fait doit exercer sur le développement de la culture chanvrière, branche si importante de l'industrie nationale.

Cette influence sera secondée par la disparition des entraves que les interdictions ou réglementations touchant le rouissage font peser sur la culture chanvrière. De plus, celle-ci ne sera plus confinée dans les limites étroites où elle est renfermée par les exigences du rouissage. Étant une matière des plus encombrantes (puisqu'un dixième seulement de son poids était jusqu'à présent industriellement utilisable, et qu'on ne parviendra jamais à faire monter le rendement en filasse au-delà du cinquième ou du quart, tout au plus, de la matière première), le chanvre ne comporte pas, à l'état brut, des déplacements quelque peu considérables : les frais de transport dépasseraient bien vite la valeur de l'objet transporté. Le travail destiné à débarrasser le chanvre de son poids mort doit donc s'opérer sur les lieux mêmes : la plantation doit être à côté du routoir. La culture du chanvre se trouve ainsi forcément limitée aux contrées qui présentent des cours d'eau ou des sources pouvant servir au rouissage. Cette nécessité disparaît avec le broyage mécanique. Une culture des moins épuisantes — les feuilles de chanvre fournissent un excellent engrais, grâce à quoi la plante rend à la terre autant qu'elle lui enlève — pourra ainsi marcher à pas égal avec les industries qui appellent son produit.

Ce n'est donc pas à tort, ce nous semble, que (à propos de l'exposition nationale de Metz, où les produits de MM. Léoni et Coblenz avaient été remarqués et distingués), on a dit, dès 1861 : « Le broyage mécanique est également recommandable au point de vue de l'hygiène, de l'industrie, de l'économie politique et de l'agriculture. De l'hygiène, parce qu'il supprime le rouissage si insalubre ; de l'industrie, à qui il fournit, dans des proportions larges et régulières, une précieuse matière première jusque-là d'un approvisionnement si irrégulier et si insuffisant ; de l'économie politique, quand il crée de nouveaux éléments de travail, abaisse le prix d'un grand produit brut, et donne une nouvelle impulsion aux industries capitales de la filature et du tissage ; enfin de l'agriculture, parce que la suppression du rouissage permet d'introduire les plantations de chanvre dans les contrées d'où le manque d'eau pour le rouissage les avait jusqu'à présent exclues ; parce qu'elle permet encore d'affranchir la culture chanvrière, par la vente des chanvres sur pied, des difficultés et des chances du rouissage et des opérations accessoires. »

Il est inutile d'ajouter, quant au dernier point, combien cette division du travail, qui laisse aux cultivateurs la production seule de la matière première et transfère à l'industrie toutes les opérations intermédiaires entre la production et la consommation, est conforme aux tendances générales dont s'inspire l'activité économique de notre époque.

Nous n'avons pas, du reste, à faire ici l'éloge des procédés mis en œuvre dans l'établissement de l'Oise : ils ont été ratifiés par des voix autrement compétentes. Nous pourrions rappeler, par exemple, la médaille d'or de première classe décernée en 1860 à MM. Léoni et Coblenz par le *British-Institut*, à Londres ; les médailles d'honneur obtenues par eux aux expositions de Metz et de Nantes, ainsi qu'à la dernière exposition de Londres. Nous pourrions rappeler aussi un fait relatif à la commission algérienne déjà citée. Cette commission avait été chargée, entre autres, de faire des études à Londres au sujet « de la difficulté que présentent le rouissage et le teillage du chanvre et du lin par les anciens procédés, et qui ont toujours été un obstacle à la culture de ces végétaux en Algérie ; » la commission devait « se rendre compte des procédés mécaniques adoptés dans les manufactures, les comparer avec les machines perfectionnées présentées à l'Exposition, et indiquer celles qui présentent le plus d'avantage comme prix de revient, économie de main-d'œuvre, et beauté des produits obtenus. » La commission, après avoir tout vu et étudié dans le palais de Kensington, fait aux procédés seuls de MM. Léoni et Coblenz l'honneur de les décrire longuement, et elle termine son exposé en manifestant l'espoir, que « si la culture du chanvre s'étendait en Algérie, les inventeurs viendraient sans doute volontiers acheter aux colons leur récolte de chanvre, et éviteraient aux producteurs les ennuis du rouissage et du teillage (1). »

Constatons encore que, tout en obtenant en filasse et étoupes un rendement de beaucoup supérieur à celui des procédés an-

---

(1) *L'Algérie à l'Exposition universelle de Londres*. 1862 (publication officielle). Alger, imprimerie Bouyer, 1863.

ciens, l'usine du département de l'Oise parvient à utiliser toutes les autres parties de la matière première. Ainsi la fabrique, depuis qu'elle fonctionne, entretient les chaudières de ses machines à vapeur exclusivement avec la chènevotte des chanvres par elle travaillés ; elle s'occupe de plus du projet d'utiliser la chènevotte pour la fabrication de la pâte à papier, emploi qui peut devenir très-avantageux à une époque où le chiffon renchérit tellement que les États les plus éclairés, en proclamant la liberté du commerce, croient cependant devoir prohiber l'exportation du chiffon. Les cendres que laisse la combustion de la chènevotte fournissent, de même que les feuilles de chanvre, un excellent engrais ; elles sont employées aussi avec avantage dans la fabrication de la potasse.

Non moins important est que l'usine de Vaugenlieu ne s'est pas bornée à assurer indirectement le progrès de la culture chanvrière par le bon emploi qu'elle donne à son produit et le prix rémunérateur qu'elle en paie ; les directeurs intelligents et actifs de cette entreprise ont montré déjà par l'exemple comment doit s'opérer et s'opérera immanquablement ce progrès de la culture chanvrière. Autour d'eux, dans une contrée où la culture des textiles indigènes était fort peu répandue il y a trois ans, dans une contrée dont le climat est peu favorable à cette culture, et où prédominent les terres de plaines, jugées généralement inaptes à cette culture (1), la production du chanvre a pris déjà un développement considérable. En introduisant l'arrachage simultané des tiges mâles et femelles, ce qui, moyennant le sacrifice des chènevis, hâte la récolte de six semaines, simplifie la main-d'œuvre et donne une fibre de qualité supérieure ; en demandant à d'autres contrées et à d'autres pays la graine de choix qu'ils distribuent aux cultivateurs pour la semence ; en leur fournissant de précieuses indications sur le choix et la préparation du sol, sur les soins à

(1) Fort à tort, cependant ; le succès avec lequel se fait dès aujourd'hui la culture du chanvre dans le département de l'Oise, suffirait déjà pour le prouver.

donner à la culture, etc., etc., les directeurs de l'usine de Vaugenlieu sont parvenus à créer autour d'eux une culture qui embrasse aujourd'hui un rayon de 25 à 30 kilomètres, assure de
l'occupation à des centaines de familles agricoles, et crée des
centres industriels là où n'avaient dominé que la routine et l'i-
nertie.

XIV.

Peu de lignes suffiront pour résumer l'idée et le but de cet
écrit.

C'est un écrit de circonstance, à un double point de vue.

Écrit de circonstance, parce que c'est la crise cotonnière, la
vue des souffrances que la rareté du coton américain inflige aux
populations ouvrières de l'Angleterre, de la France et d'autres
pays industriels, qui nous avait amené à nous enquérir des
moyens qu'il y aurait d'amoindrir la fâcheuse perturbation causée
par cette rareté dans toute notre vie industrielle. On arrive alors
naturellement à se demander, d'une part : si l'on ne pourrait pas
obtenir ailleurs de quoi remplir le vide que fait la guerre sécessionniste dans les arrivages du coton américain ; d'autre part,
si les quantités qui manquent sur le coton ne pourraient pas
en partie être remplacées par d'autres textiles, étrangers ou indigènes. Les deux remèdes, à peine est-il besoin d'en faire la
remarque, ne s'excluent point l'un l'autre ; il ne serait guère de
trop de leur coopération pour combler la lacune très-sensible
que la guerre d'Amérique laisse dans les approvisionnements
des filatures européennes.

Écrit de circonstance, parce que c'est le hasard d'une invita-
tion amie qui, après nous avoir conduit à Compiègne, nous
mettait sur la voie de l'usine de Vaugenlieu. En voyant là travailler mécaniquement ce textile indigène qui, de la plus haute
antiquité, avait rempli dans l'industrie l'office dévolu depuis
cinquante ans au coton d'une manière presque exclusive ; en

voyant ce textile indigène entrer tout à fait dans le courant de l'industrie moderne, se soumettre et se plier à l'action de la machine, et être ainsi affranchi des procédés primitifs, qui, jusque-là, en avaient gêné l'essor et arrêté le développement, nous n'avons pu que nous affermir dans cette idée : *une partie au moins du coton qui manque et menace de manquer longtemps encore à nos millions de broches, peut être remplacée par les textiles indigènes dont le coton, au point culminant même de sa splendeur et de son omnipotence, n'avait pu arrêter la consommation, lentement mais constamment ascendante.*

Il nous a semblé et il nous semble que les procédés qui visent et parviennent à supprimer le rouissage du chanvre et du lin, écartent l'obstacle principal ou presque unique qui empêchait ces textiles indigènes de prendre dans la fabrication des fils et tissus la place que leurs qualités réelles et la faveur des circonstances paraissent en ce moment leur assigner. Il nous a semblé et il nous semble que le broyage mécanique, pratiqué par MM. Léoni et Coblenz, peut ainsi aider puissamment à diminuer, dans le présent et dans l'avenir, les embarras, les gênes, les souffrances qu'entraîne la domination devenue trop exclusive du coton.

L'empire du coton — qui le contesterait? — est assuré; *King Coton* n'est pas détrôné. Ses qualités réelles, l'abondance et la facilité relatives de sa production, son bas prix, ses propriétés hygiéniques, la merveilleuse aptitude avec laquelle il se prête à tous les caprices du tissage et de la teinture, lui garantissent, à tout jamais, et quoi qu'il arrive, une place des plus larges dans la consommation moderne. Mais cette consommation acquiert des proportions telles, que l'on ne saurait accueillir avec trop de faveur et d'empressement tout ce qui tend à faire progresser l'offre (la production) à pas égal avec la demande (la consommation) des textiles.

Toute invention ou innovation qui agit dans ce sens est donc d'une utilité générale très-manifeste; son développement, sa propagation, doivent être soutenus par quiconque se préoccupe de la prospérité du pays, du progrès de notre industrie et de notre commerce. La suppression du rouissage et l'emploi du broyage mécanique appartiennent manifestement à cette catégorie d'innovations. A tous égards ces procédés méritent d'être généralisés.

Ils le méritent d'autant plus, que la question, rendue seulement plus opportune par la crise cotonnière, offre, au fond, un intérêt qui n'est ni purement actuel, ni exclusivement industriel.

La question n'est pas purement actuelle, parce que la production et l'offre du coton — ainsi que nous l'avons fait voir — menacent de rester longtemps encore, après la paix même qui surviendrait en Amérique, au-dessous des besoins de la consommation européenne.

La question n'est pas exclusivement industrielle, parce que l'agriculture française est souverainement intéressée, elle aussi, à voir se propager une culture relativement facile, aucunement épuisante, assurée de vastes débouchés, et dont le développement avait jusque-là été entravé uniquement par l'insuffisance des procédés qui devaient en rendre le produit aisément utilisable.

Nous le répétons donc : la substitution heureusement accomplie du broyage mécanique au rouissage du chanvre et du lin aurait en tout temps passé avec raison pour une innovation salutaire et féconde; les circonstances tendent aujourd'hui à en faire un moyen de salut pour l'une des industries les plus importantes, les plus vitales, du monde économique moderne. Pour que cette innovation produise tous ses effets heureux, il suffit d'assurer l'application et l'exploitation les plus larges possible, dans la France tout entière, des procédés pratiqués avec un succès si manifeste dans l'usine du département de l'Oise.

PARIS. — IMPRIMERIE CENTRALE DES CHEMINS DE FER DE NAPOLÉON CHAIX ET Cᵉ, RUE BERGÈRE 20. — 7238.

AUTRES TRAVAUX DE M. HORN

SUR DES MATIÈRES ÉCONOMIQUES ET FINANCIÈRES

LES FINANCES DE L'AUTRICHE. Paris, 1860. E. Dentu et Guillaumin. Br. in-8°. 2ᵉ édition................................1 fr. 50

TRAITÉ DE COMMERCE FRANCO-ALLEMAND. Paris, 1861. Guillaumin et Cᵉ. Br. in-8°......................................1 »

SPINOZA'S STAATSLEHRE (*Théories politiques de Spinoza*). 2ᵉ édit. Dresde, L. Ehlermann, 1863. In-8°......................3 »

STATISTISCHES GEMÆLDE DES KOENIGREICHS BELGIEN. (*Tableau statistique de la Belgique.*) 2ᵉ éd. Dresde, L. Ehlermann, 1863. Gr. in-4°..12 »

BEVOELKERUNGSWISSENSCHAFTLICHE STUDIEN (*Études sur la population*). Leipzig, Brockhaus, 1854. Gr. in-8° de 318 pages. 8 »

BRUSSEL, NACH SEINER VERGANGENHEIT UND GEGENWART (*Bruxelles, son passé et son présent*). Leipzig, Brockhaus, 1855. In-8° de 160 pages...................................1 25

DAS CREDITWESSEN IN FRANKREICH (*les Institutions de crédit en France*). Leipzig, Hübner. 1857. Gr. in-8° de 139 pages, 2ᵉ éd. 2 75

JEAN LAW, étude d'histoire financière. Leipzig, Hübner. 1858. Gr. in-8°...5 75

UNGARN IM VORMÆRZ (*la Hongrie avant 1848*), d'après Fenyès. Leipzig, 1851. F.-L. Herbig. In 8° de 326 pages............5 75

ANNUAIRE INTERNATIONAL DU CRÉDIT PUBLIC. — I. *Finances publiques*. — II. *Institution de crédit.* — III. *Chemins de fer.* — IV. *Divers.* — Paris, années 1860 à 1862. Guillaumin et Cᵉ. 3 vol. gr. in-18, chaque volume..........................5 »

PARIS. — IMPRIMERIE CENTRALE DES CHEMINS DE FER DE NAPOLÉON CHAIX ET Cᵉ, RUE BERGÈRE, 20.

www.ingramcontent.com/pod-product-compliance
Ingram Content Group UK Ltd.
Pitfield, Milton Keynes, MK11 3LW, UK
UKHW021001220726
13924UKWH00002B/825